GIOCHI ESPLOSIVI

Labirinti Per Adulti

ActivityCrusades

Pubblicato da Speedy Publishing Canada Limited

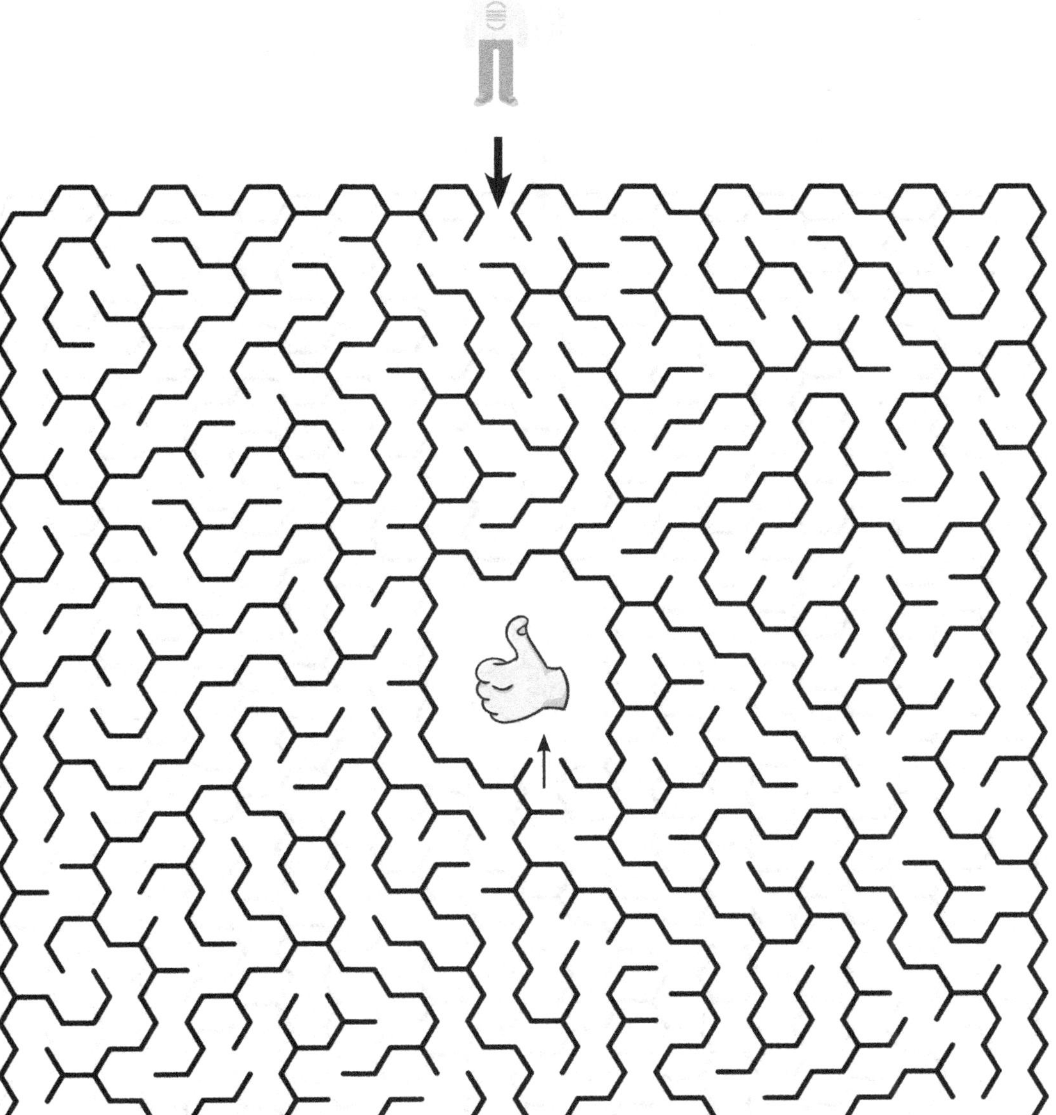

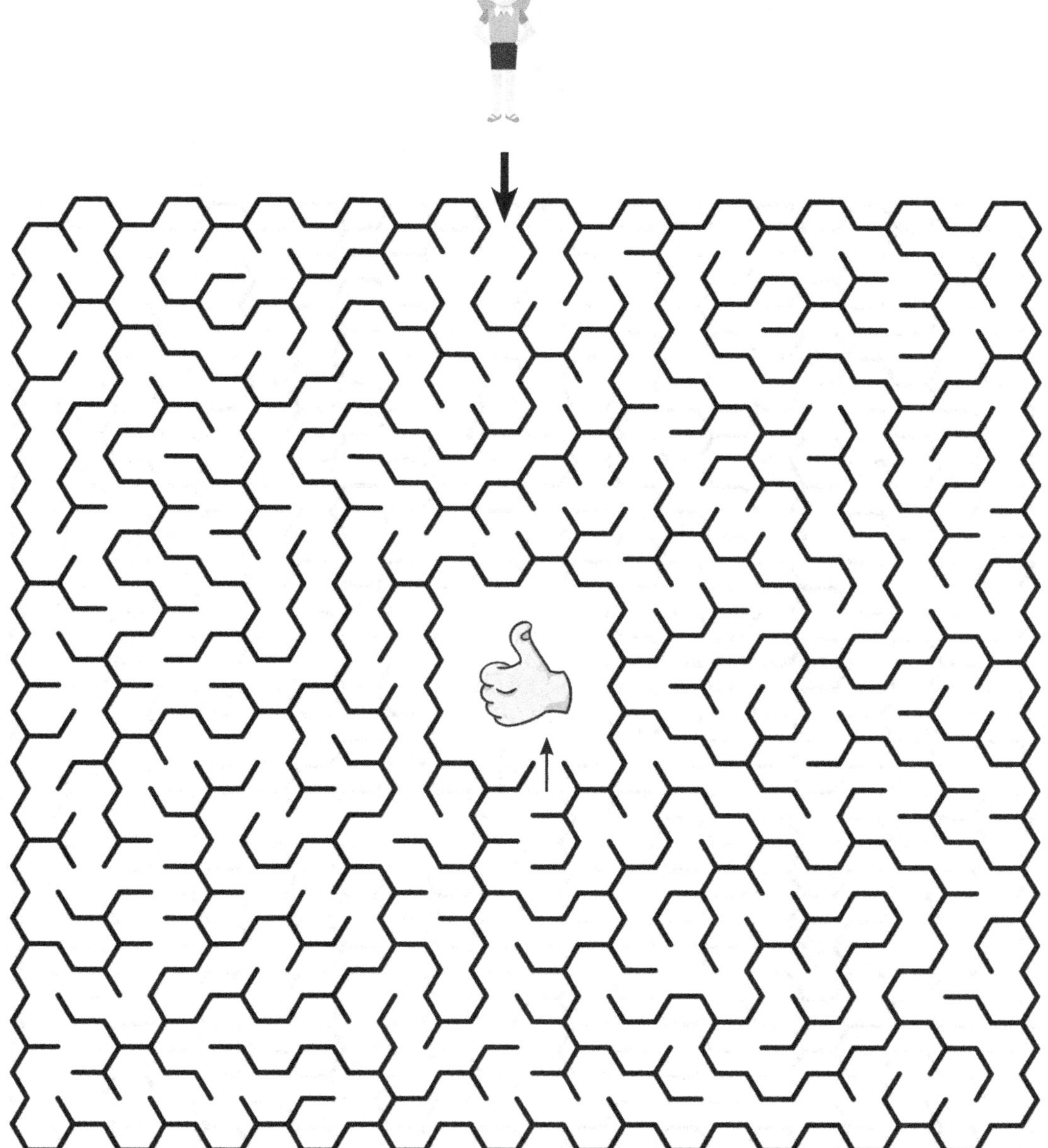

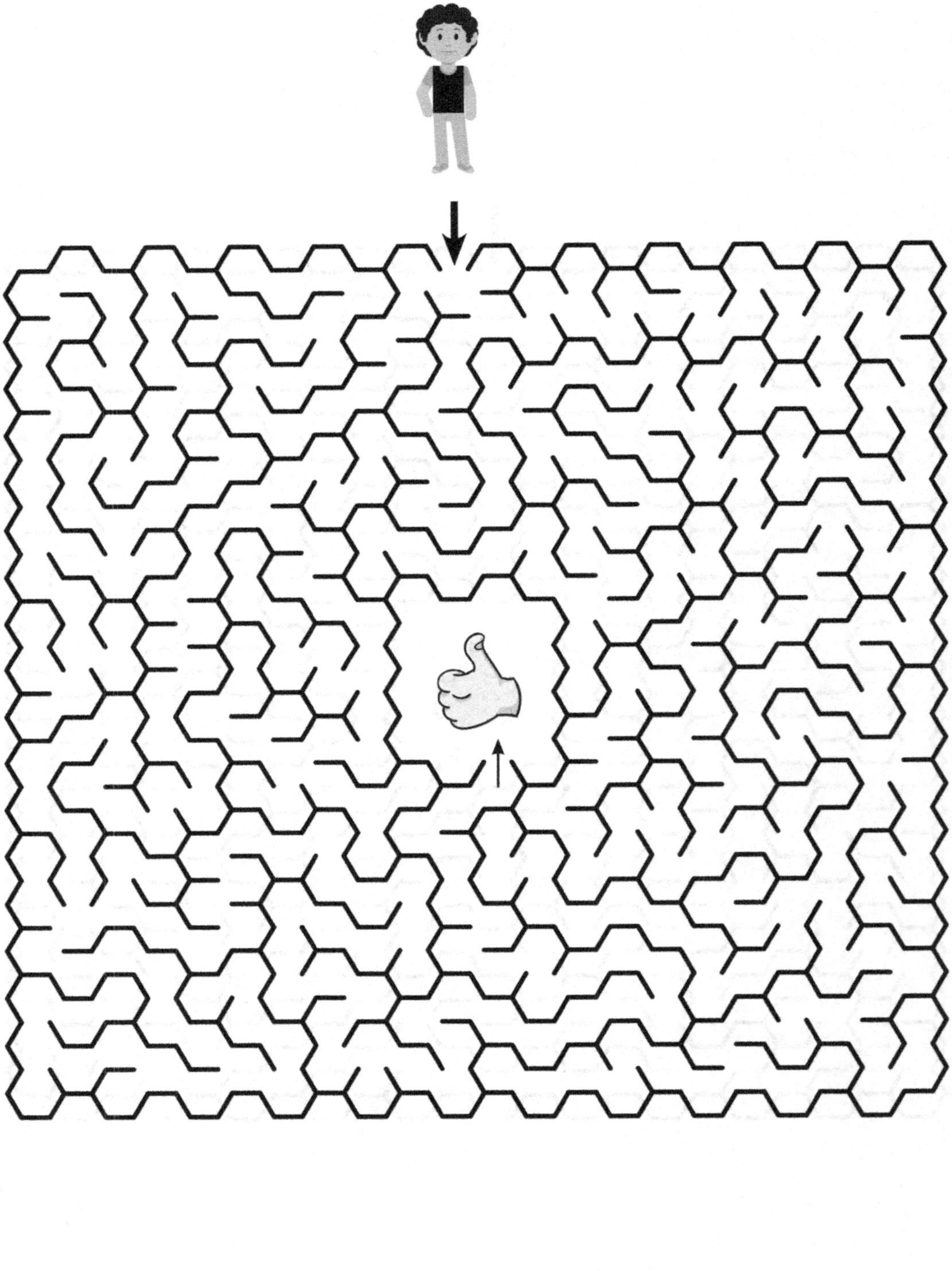

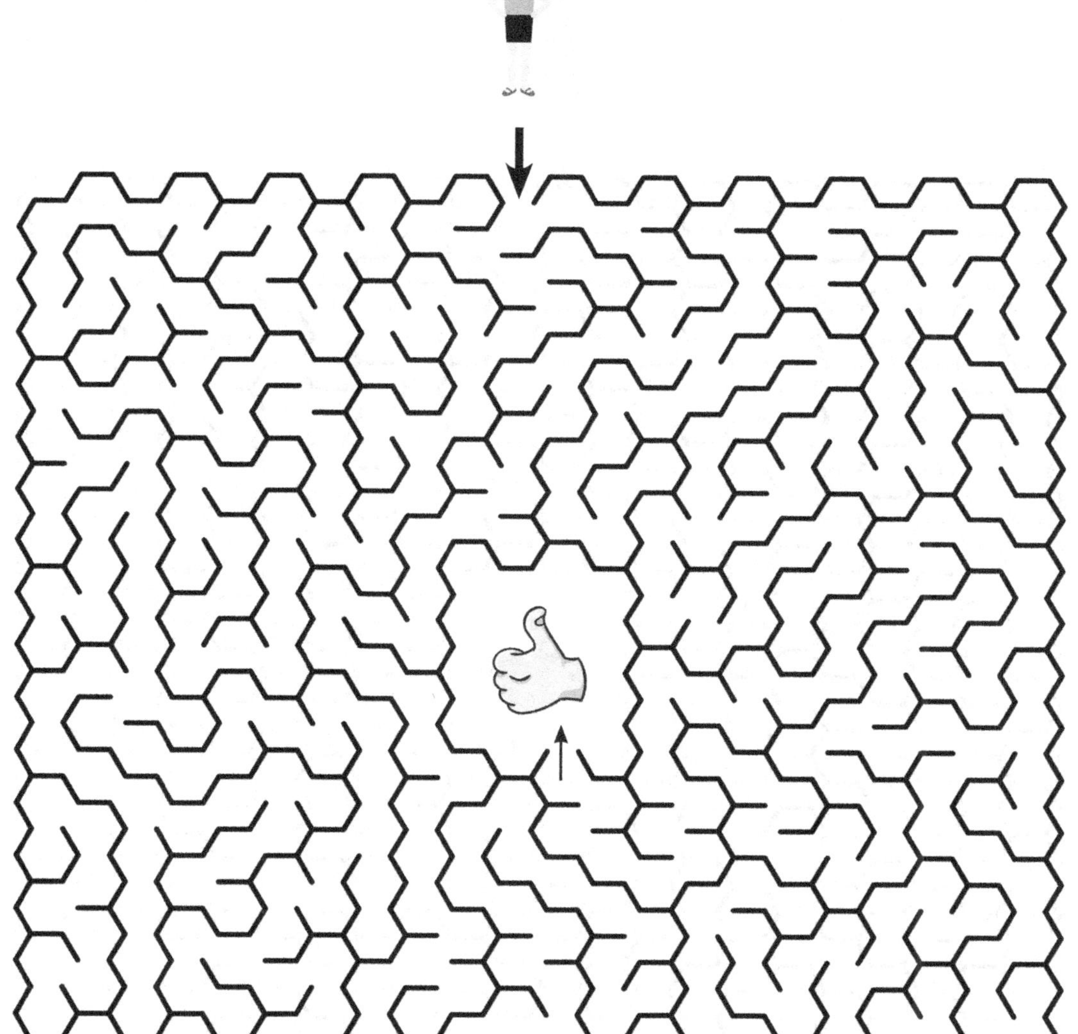

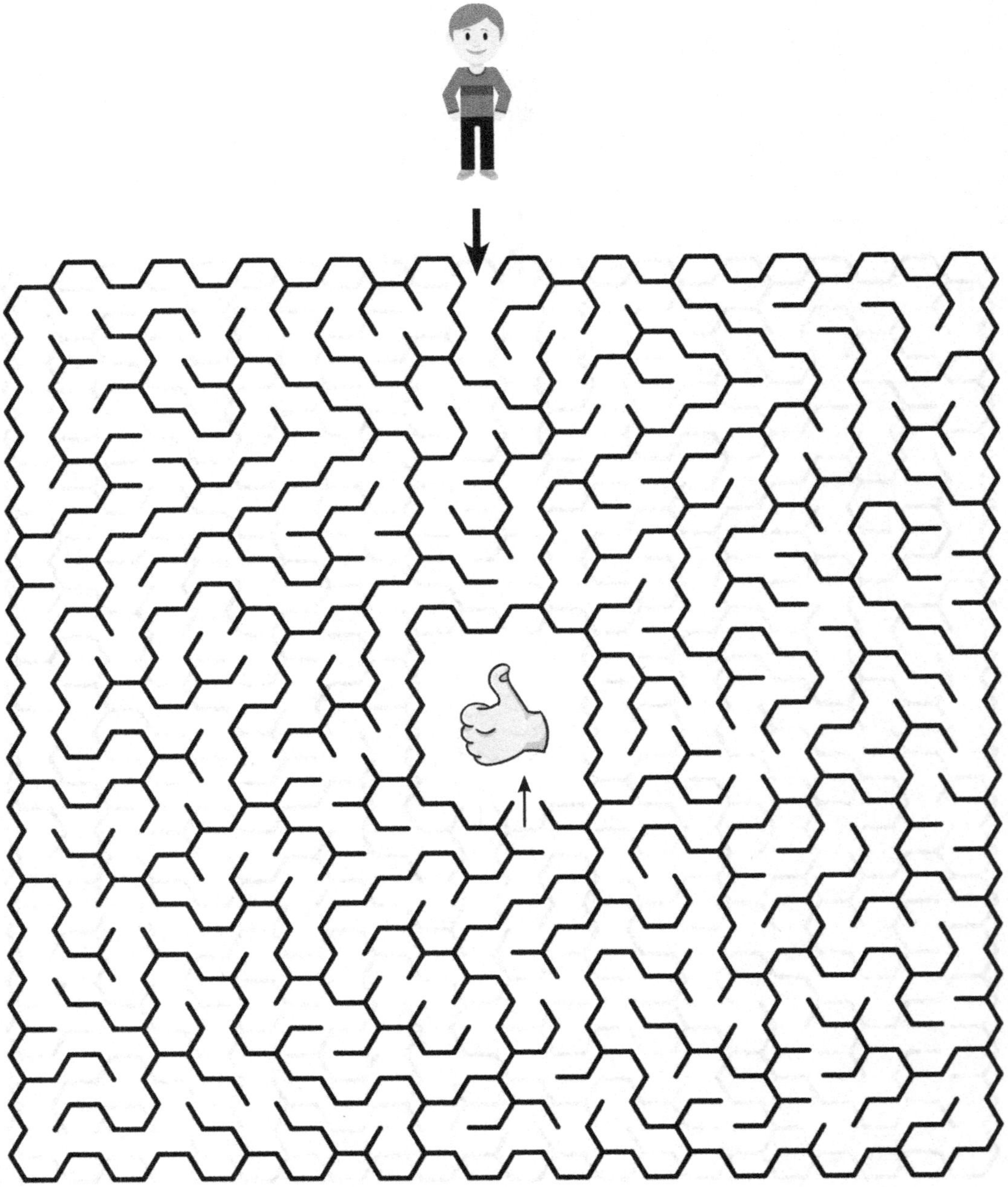

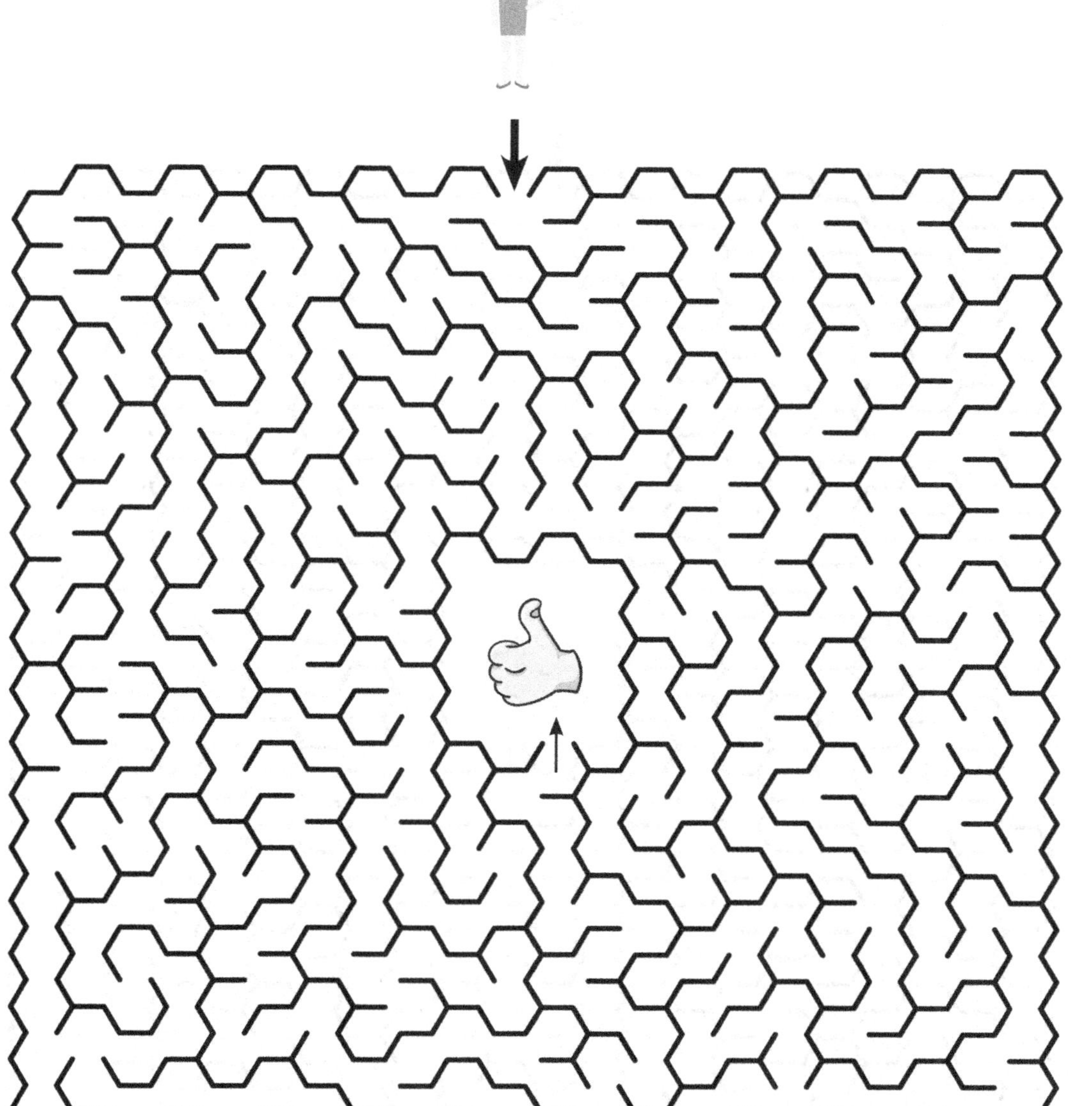

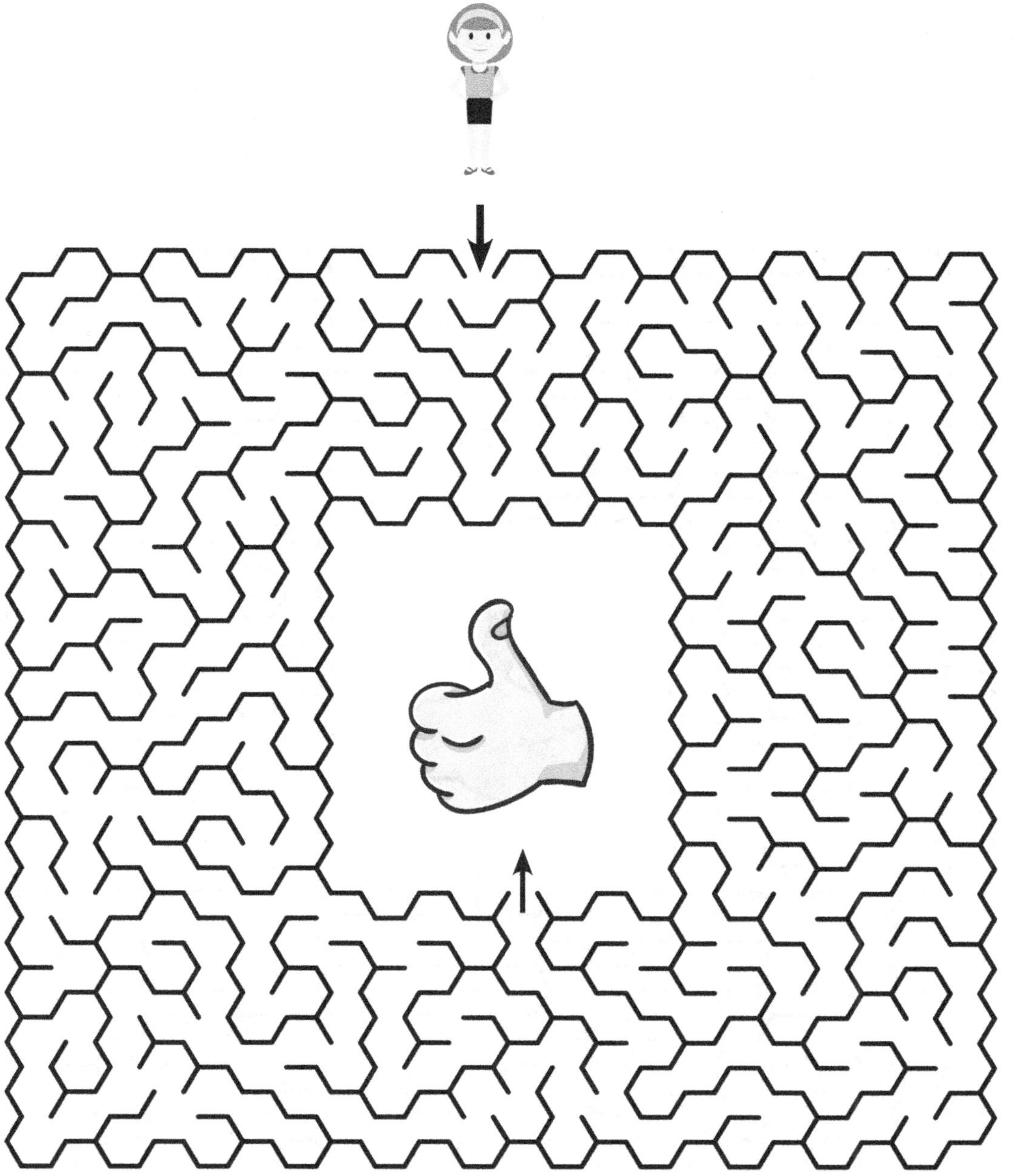

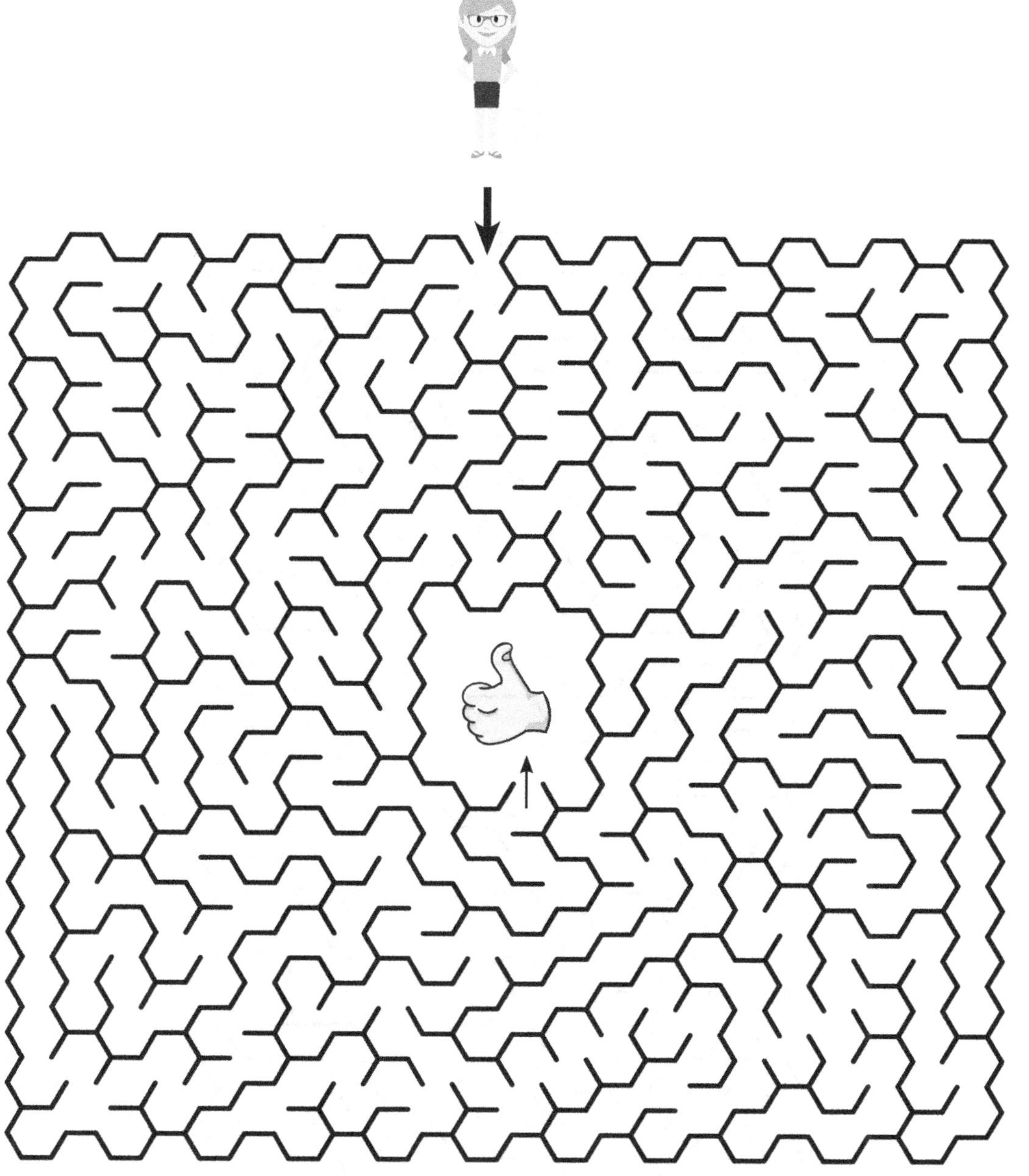

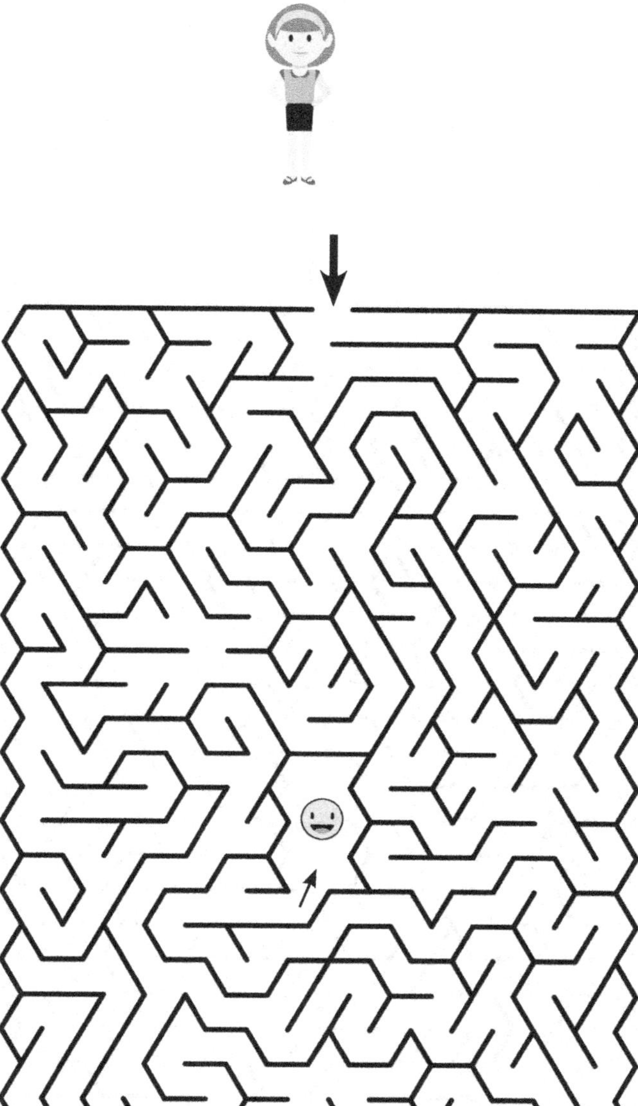

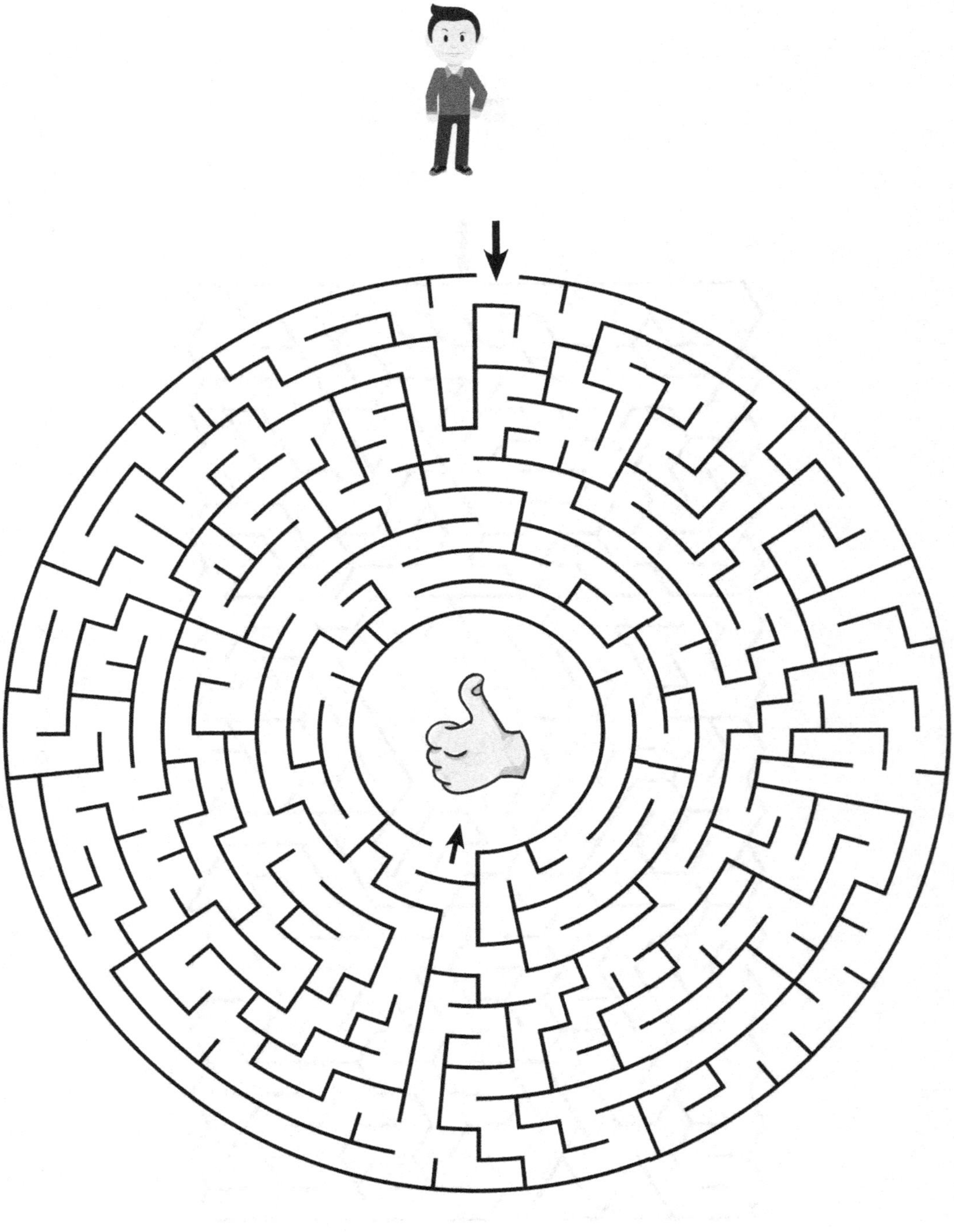

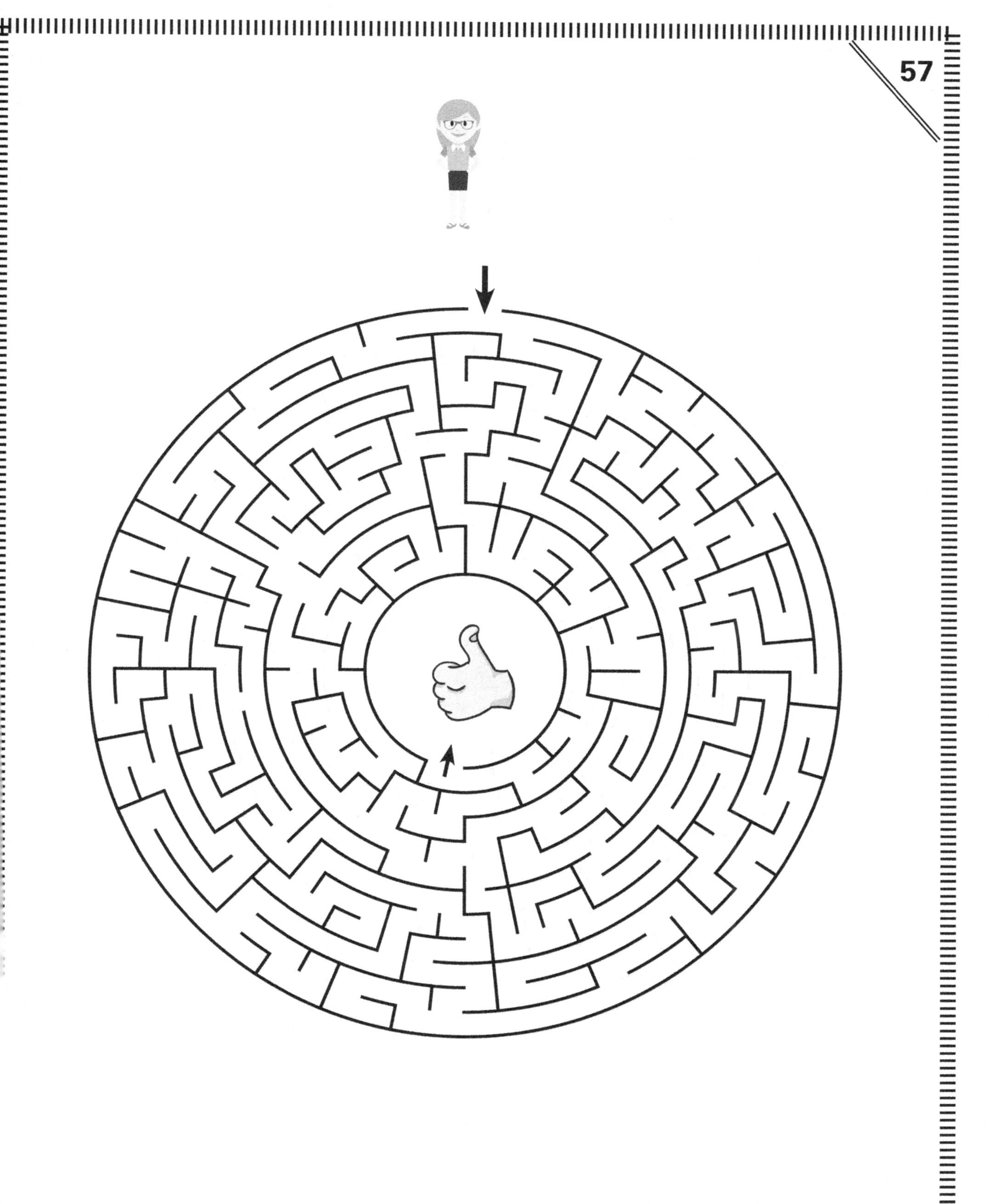

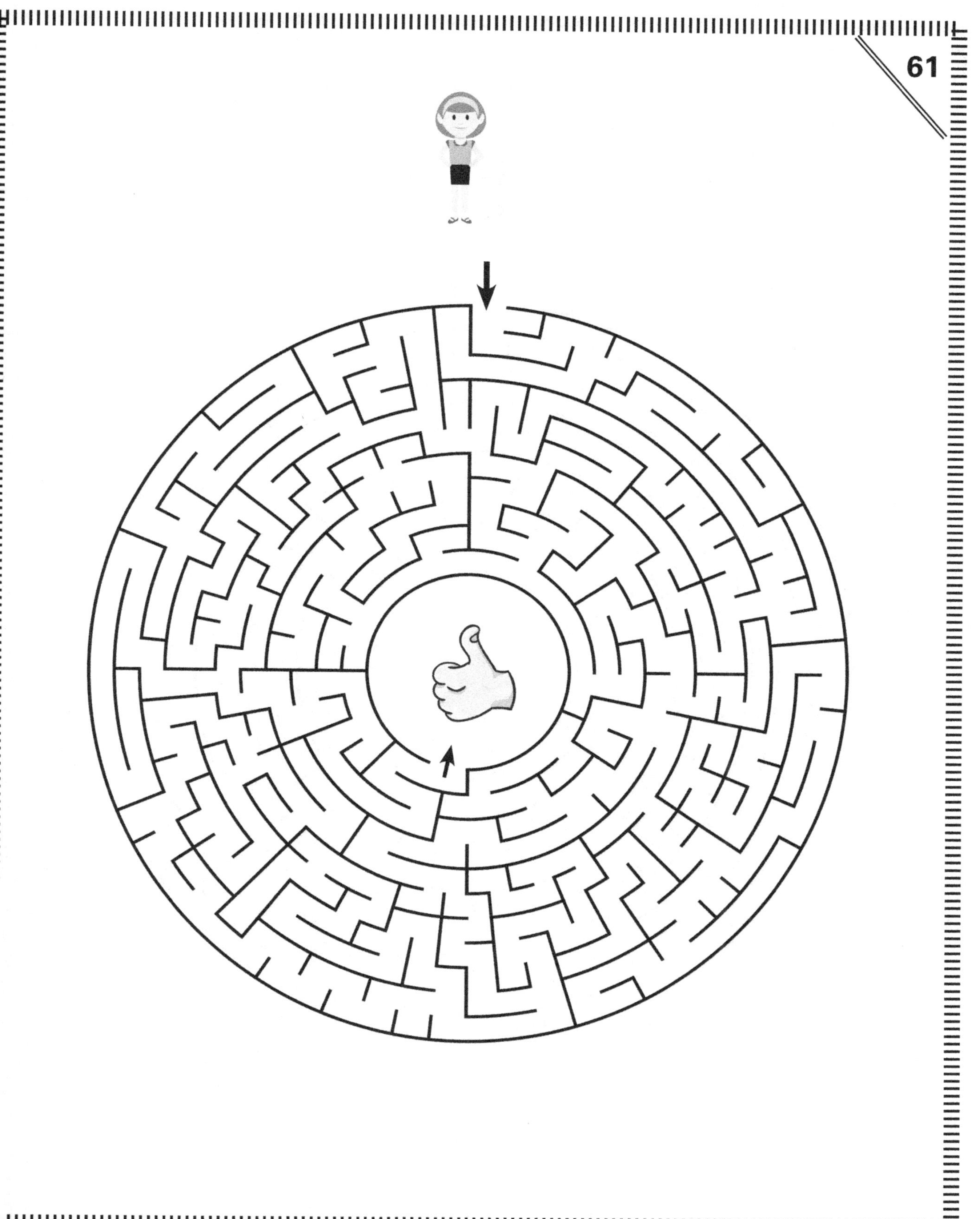

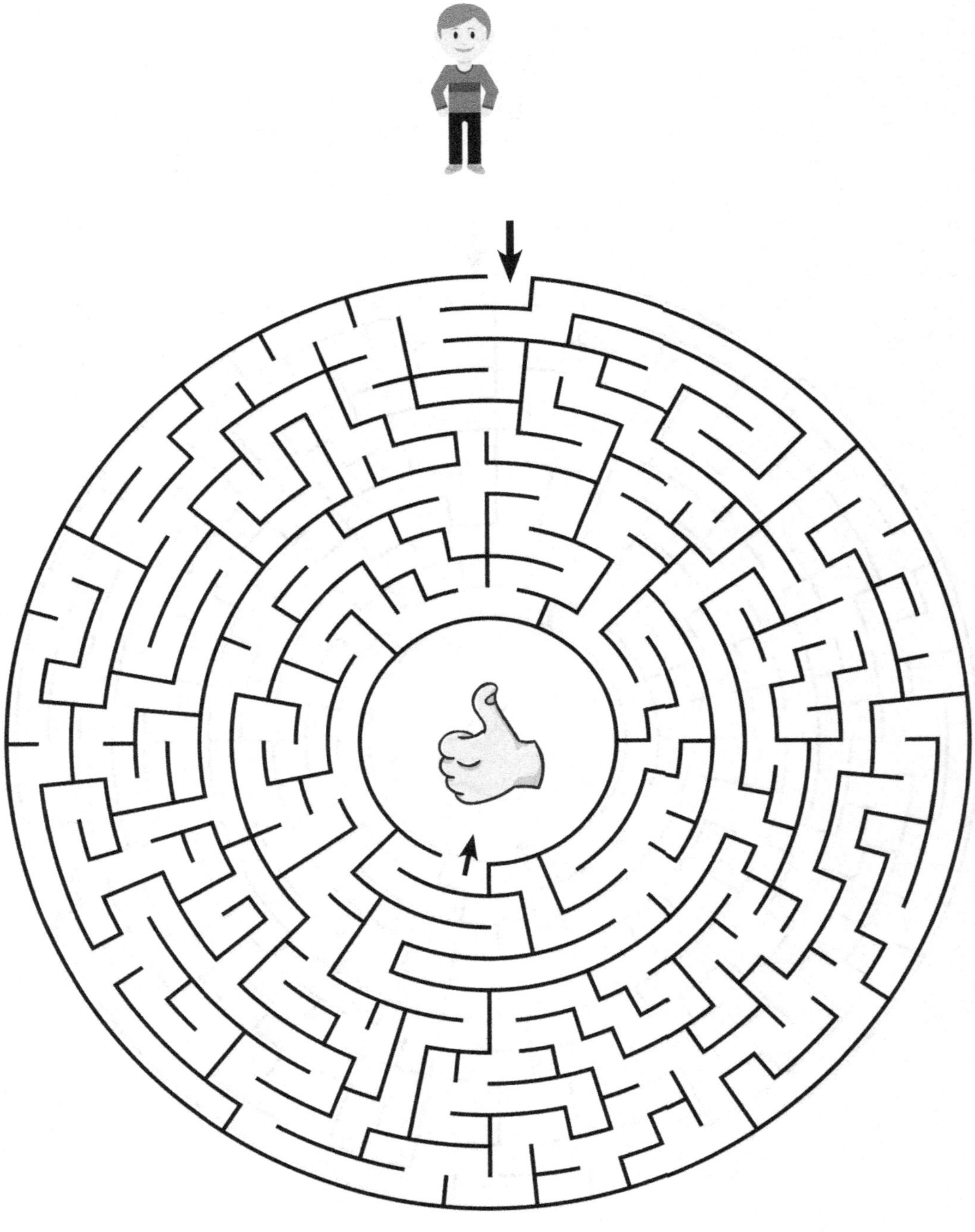

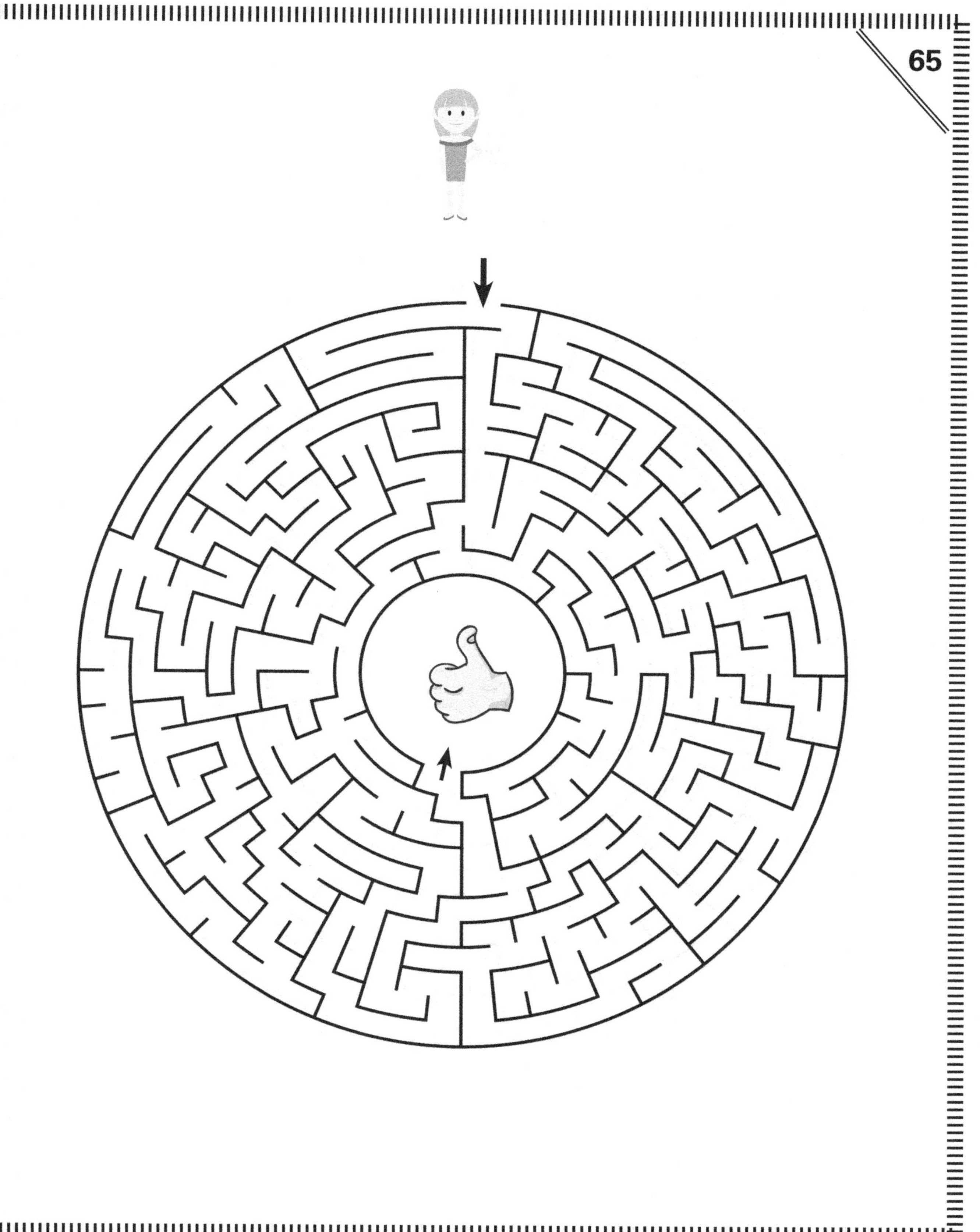

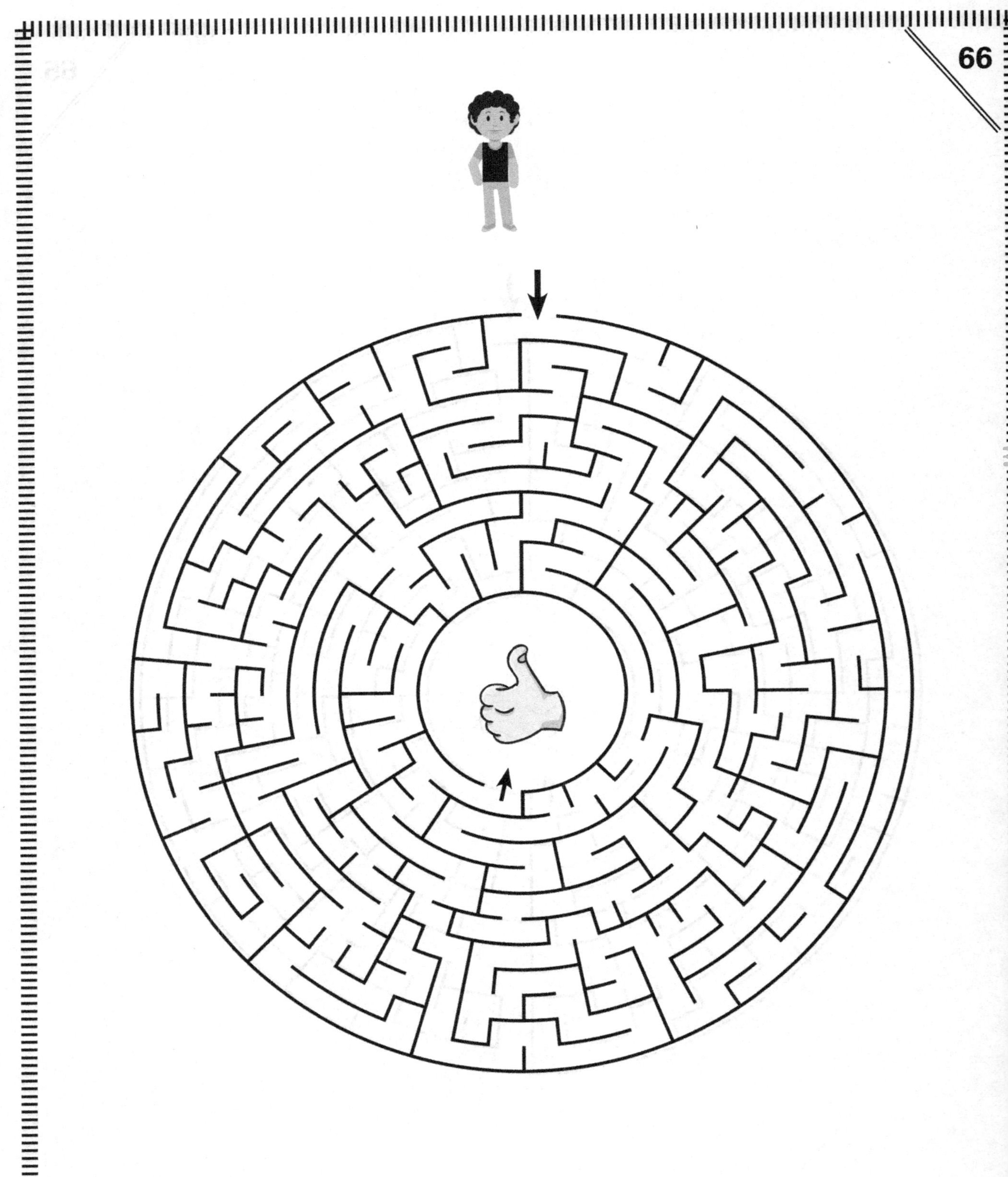

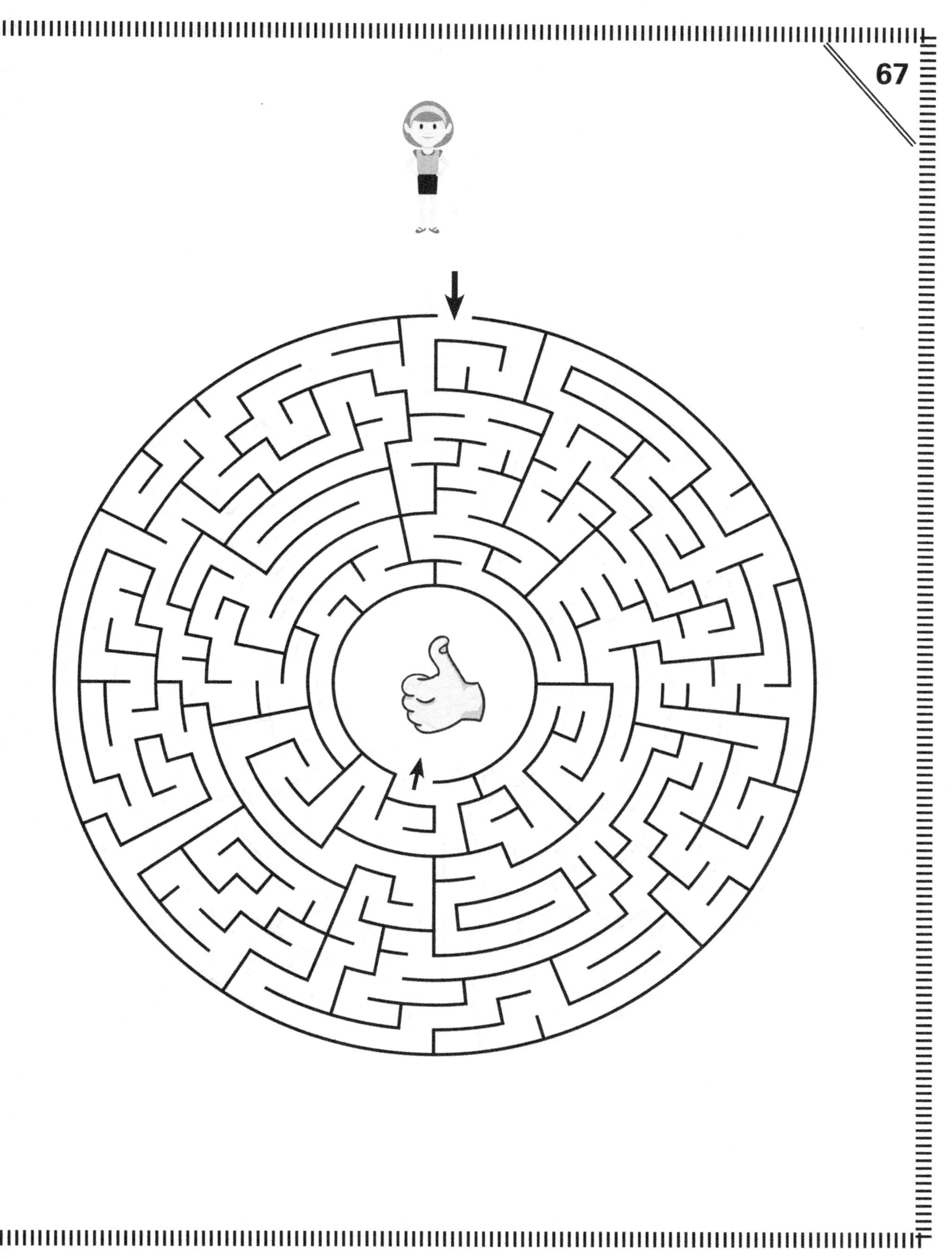

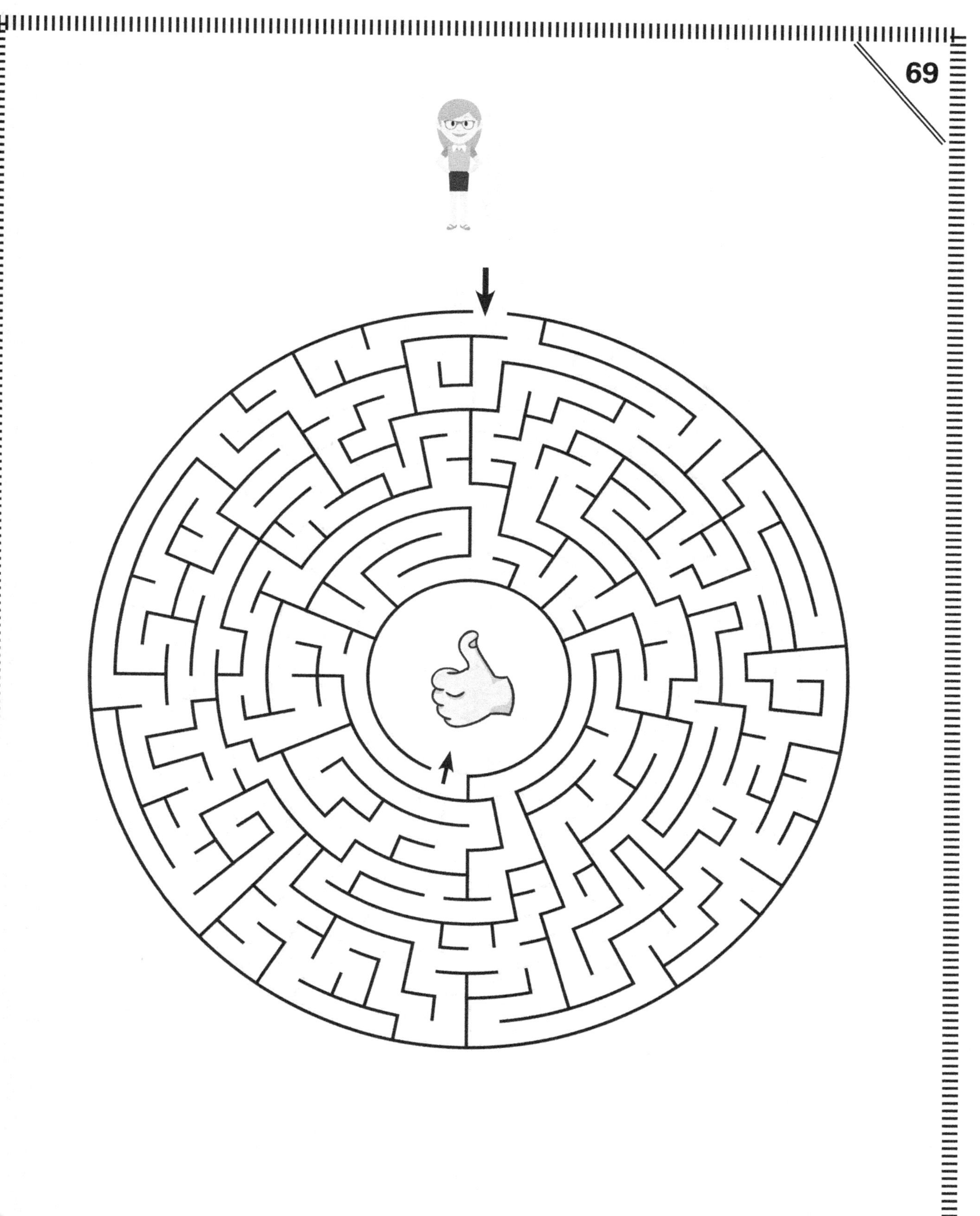

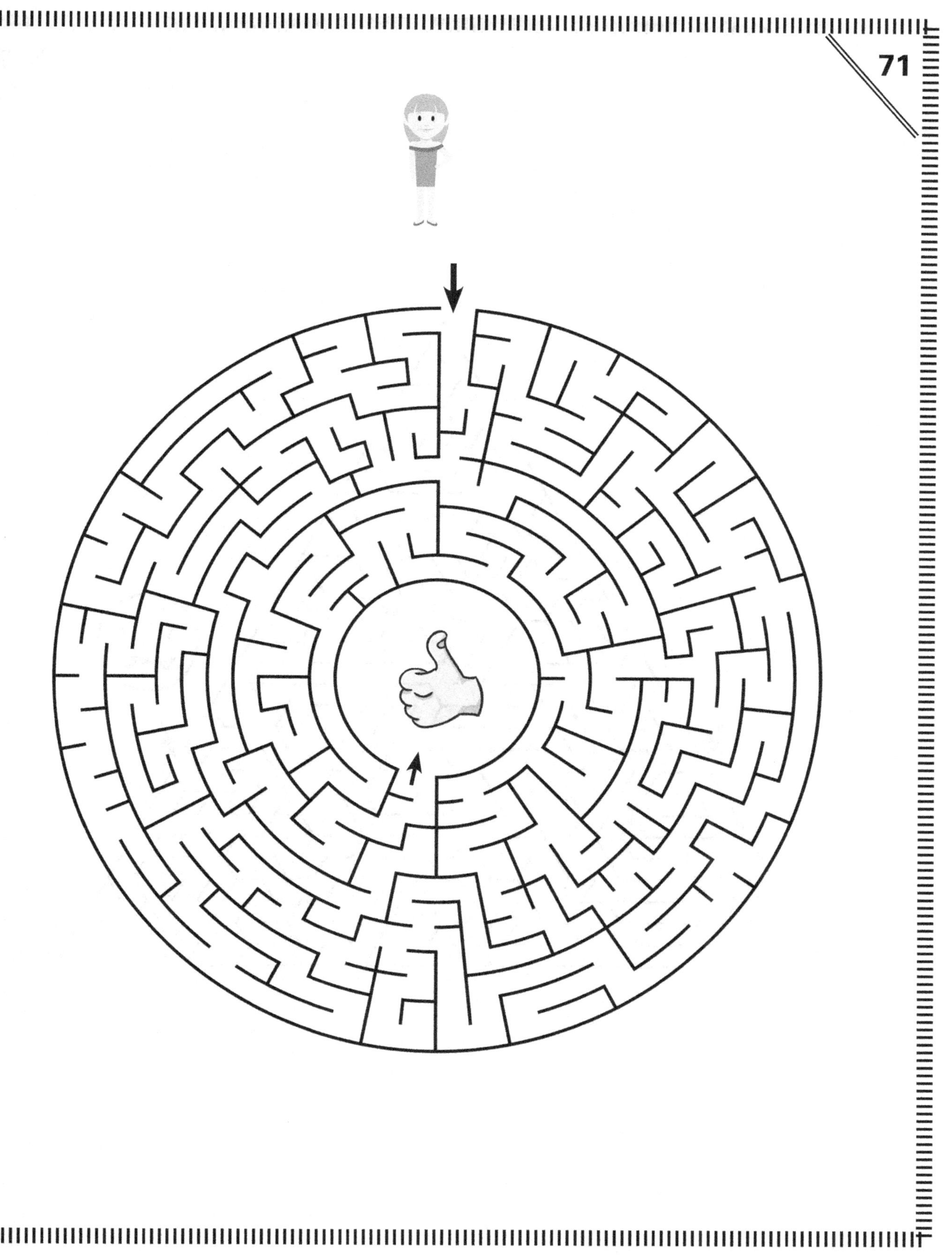

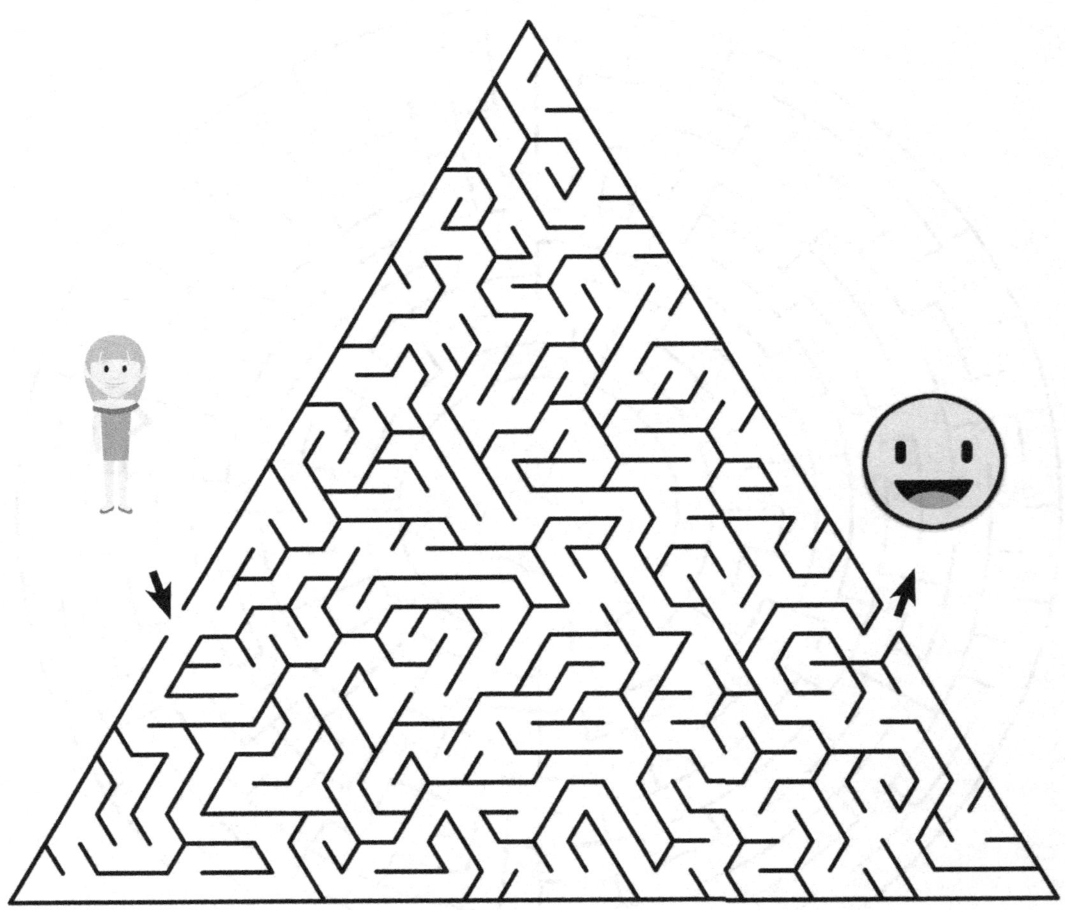

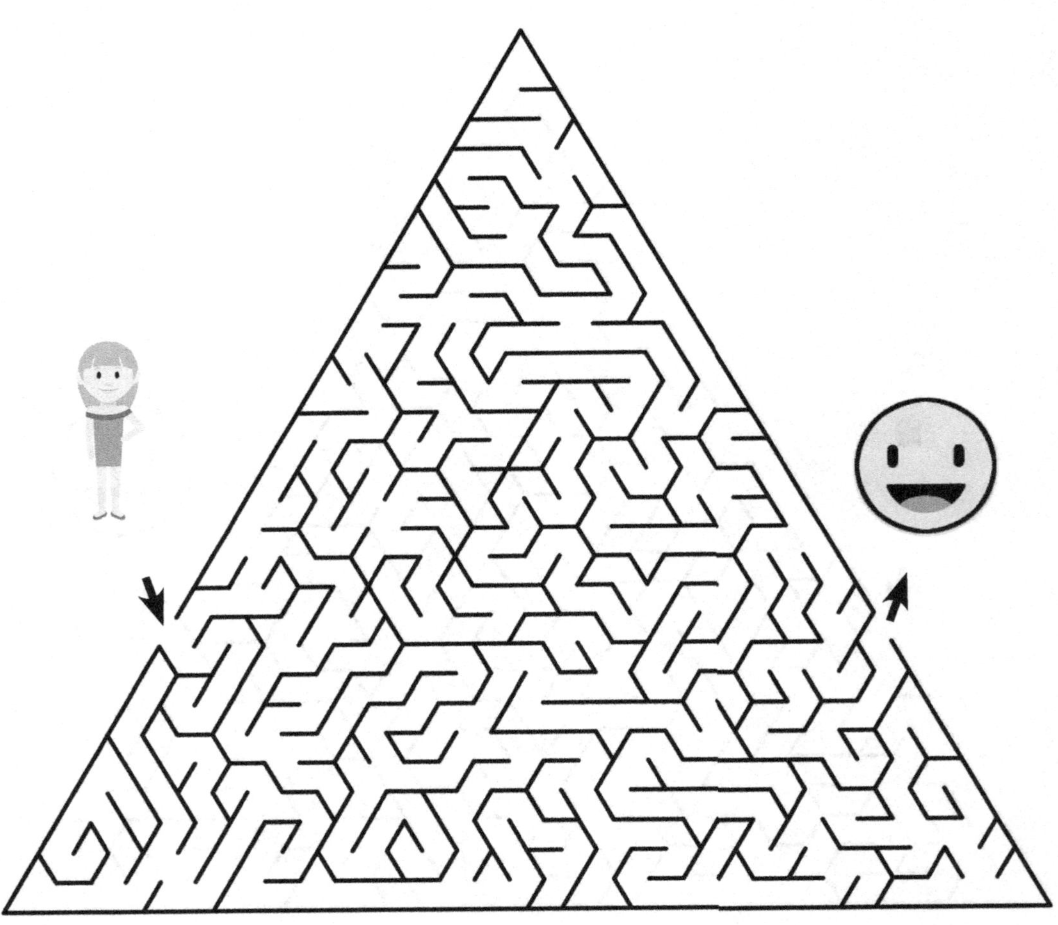

1

2

3

4

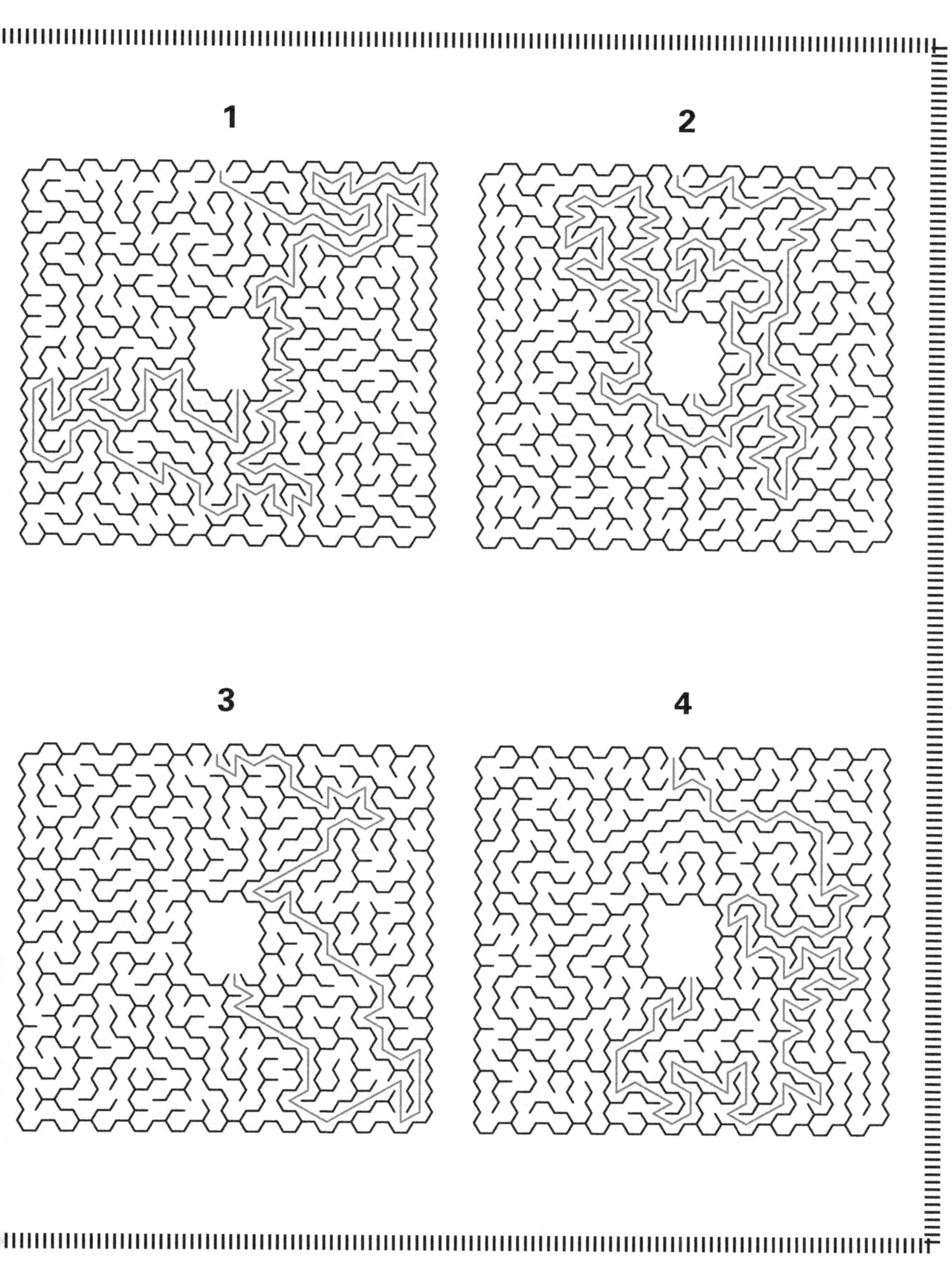

5

6

7

8

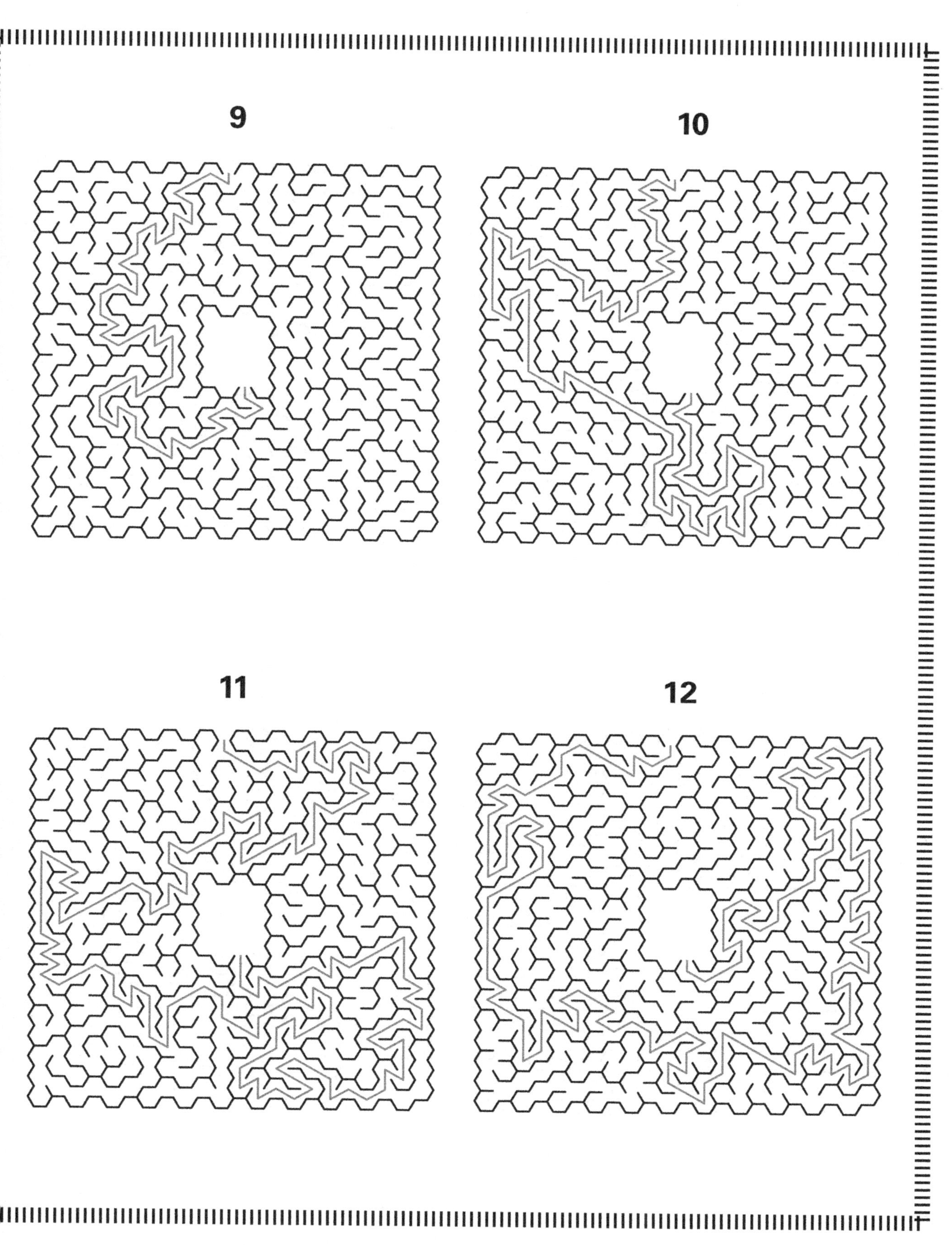
9
10
11
12

13

14

15

16

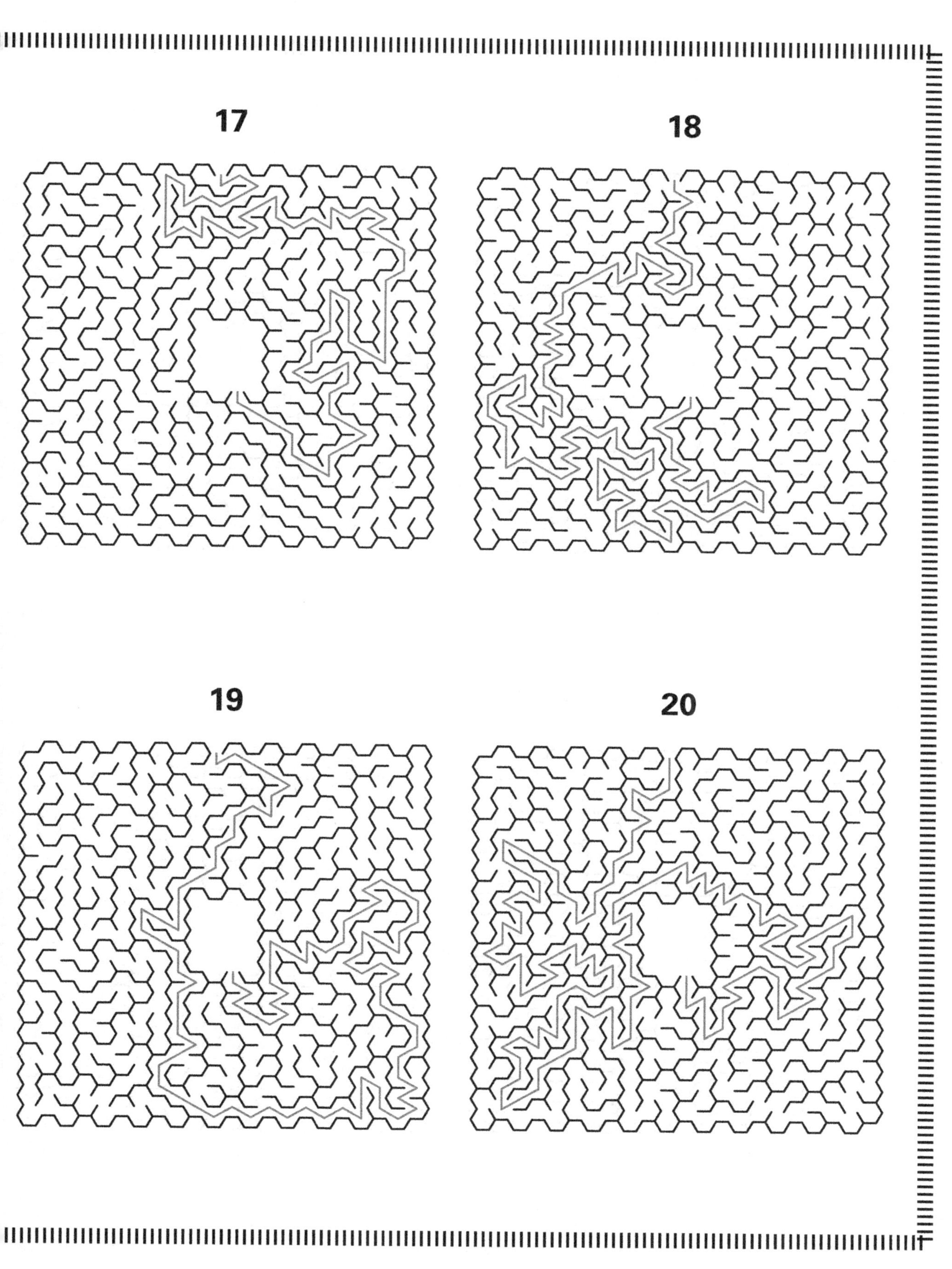

17
18
19
20

21

22

23

24

25

26

27

28

29

30

31

32

33

34

35

36

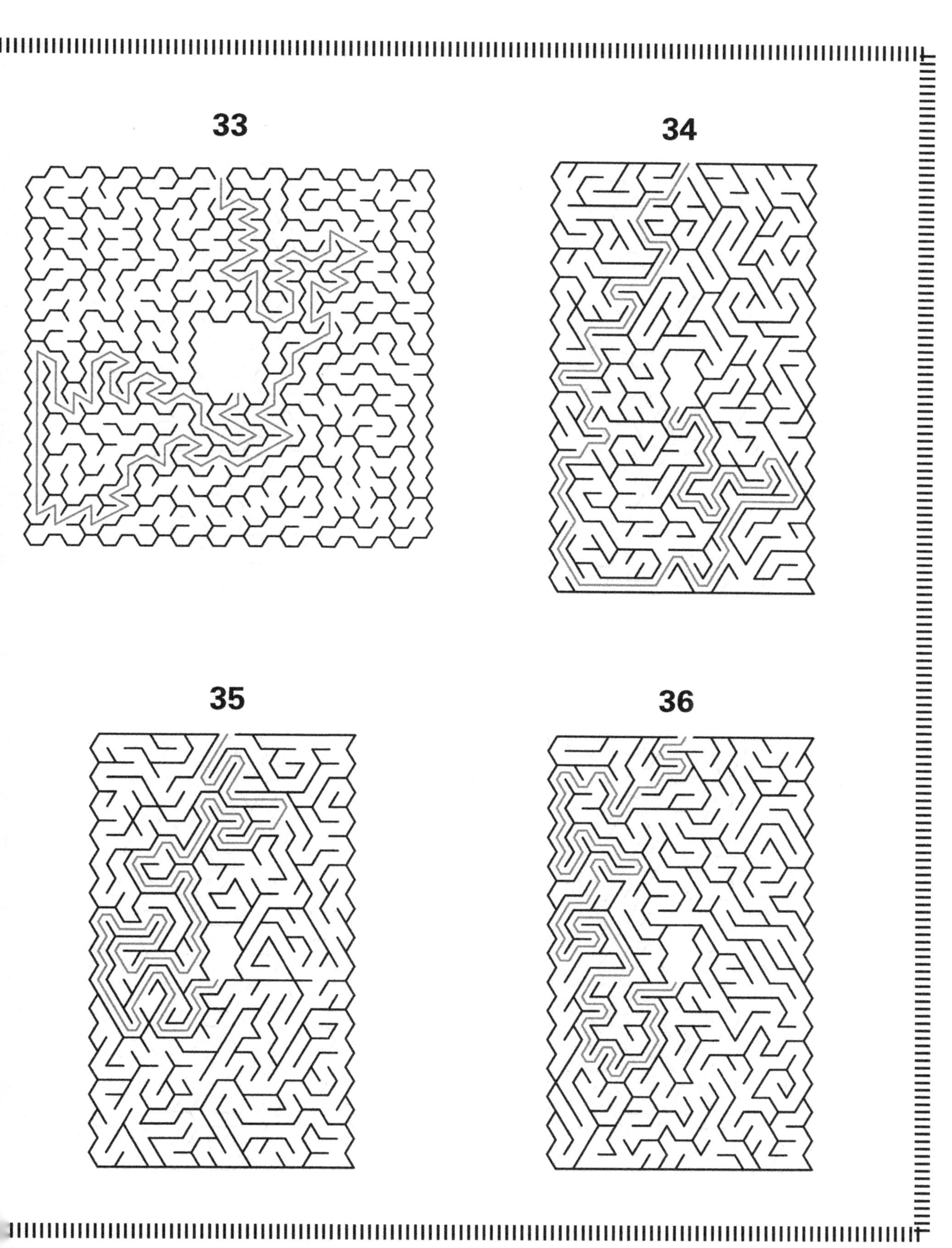

37

38

39

40

41

42

43

44

45

46

47

48

49

50

51

52

53

54

55

56

57

58

59

60

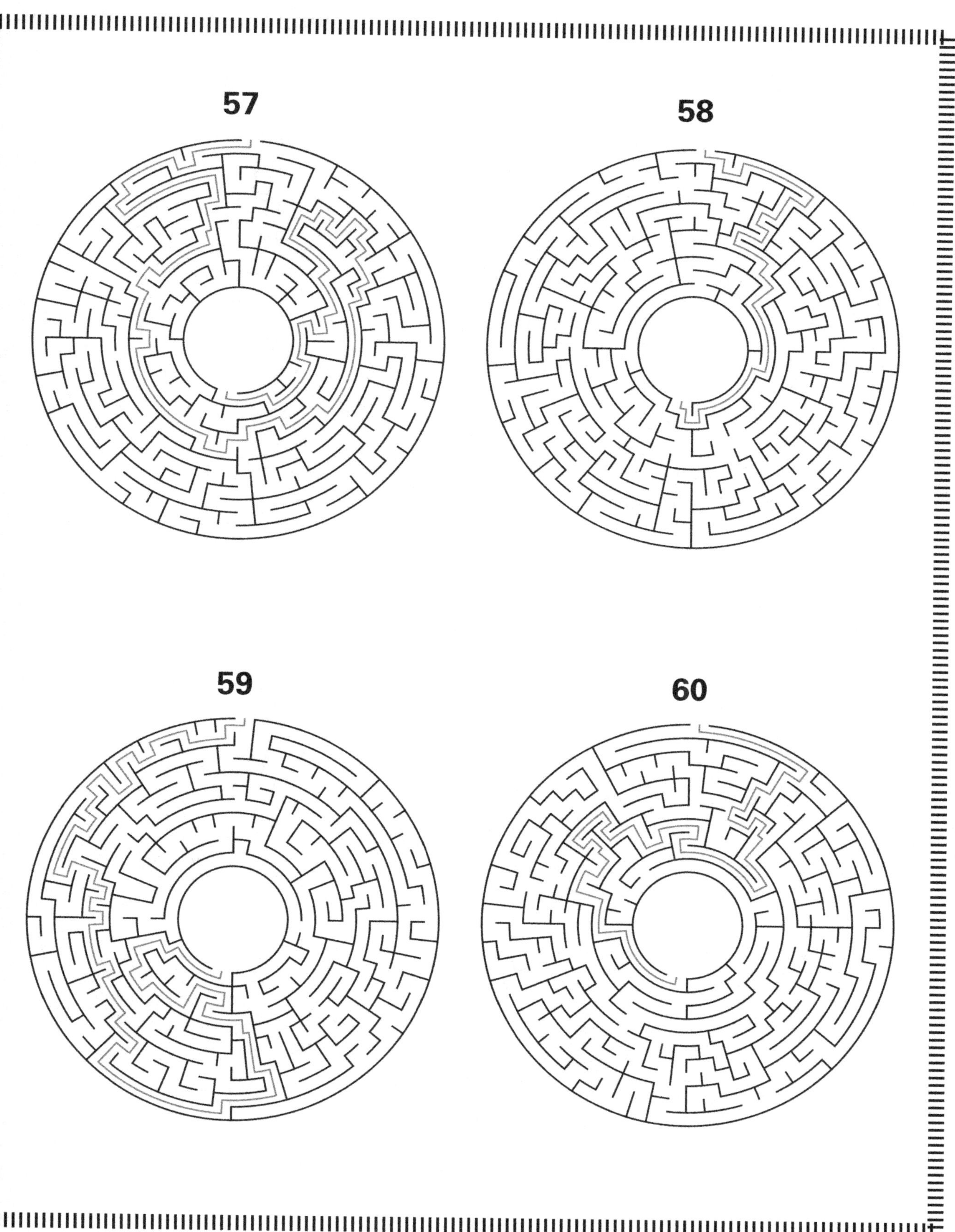

61

62

63

64

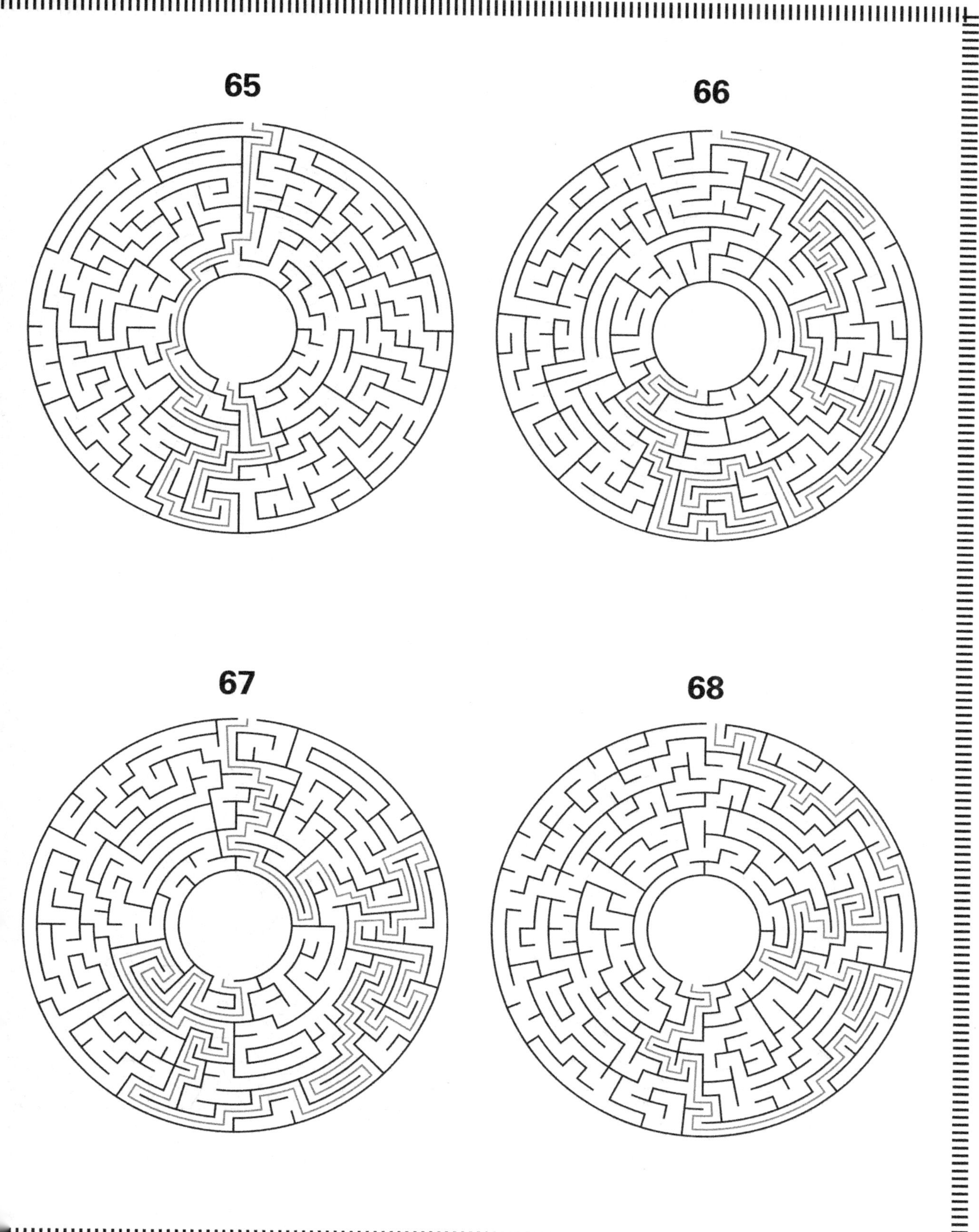

65
66
67
68

69

70

71

72

73

74

75

76

77

78

79

80

81

82

Made in the USA
Monee, IL
07 July 2026

56546070R00059